Yousef Ayadi

Governação da água no Vale do Jordão

Yousef Ayadi

Governação da água no Vale do Jordão

ScienciaScripts

Imprint

Any brand names and product names mentioned in this book are subject to trademark, brand or patent protection and are trademarks or registered trademarks of their respective holders. The use of brand names, product names, common names, trade names, product descriptions etc. even without a particular marking in this work is in no way to be construed to mean that such names may be regarded as unrestricted in respect of trademark and brand protection legislation and could thus be used by anyone.

Cover image: www.ingimage.com

This book is a translation from the original published under ISBN 978-620-2-00451-0.

Publisher:
Sciencia Scripts
is a trademark of
Dodo Books Indian Ocean Ltd. and OmniScriptum S.R.L publishing group

120 High Road, East Finchley, London, N2 9ED, United Kingdom
Str. Armeneasca 28/1, office 1, Chisinau MD-2012, Republic of Moldova, Europe
Printed at: see last page
ISBN: 978-620-7-73713-0

Índice:

Governação da água no Vale do Jordão

Eng. Yousef Hasan Ayadi
Antigo conselheiro do Ministro da Água e da Irrigação
JORDÃO
julho, 2017

Capítulo 1

1 Introdução

A governação da água era comum entre os utilizadores de água no Vale do Jordão (JV) desde há muito tempo, em que os agricultores costumavam partilhar e gerir os recursos hídricos disponíveis nos Side Wadis (cursos de água no JV com descargas flutuantes no verão e no inverno) de acordo com as suas propriedades.

A Autoridade do Vale do Jordão (JVA) e as organizações anteriores, responsáveis pela gestão da água no Vale do Jordão, aplicaram um ciclo rigoroso de irrigação rotativa para distribuir os recursos hídricos limitados entre os agricultores.

O ciclo de irrigação foi concebido de acordo com a disponibilidade de água, a área plantada e o padrão de cultivo, a classe do solo, a zona agro-climática e as restrições do sistema hidráulico.

Foi introduzida uma tarifa de água, com uma estrutura categorizada crescente que incentiva os agricultores a reduzir o consumo e a poupar água de irrigação.

Foi instalado no vale um centro de controlo moderno, utilizando um sistema avançado de supervisão, controlo e aquisição de dados (SCADA), para monitorizar e controlar as actividades de gestão da água, e foi desenvolvido um Sistema de Informação de Gestão da Água (WMIS) para fornecer as ferramentas de apoio à decisão necessárias para uma atribuição e distribuição optimizadas da água para utilizações agrícolas e domésticas.

O Vale do Jordão estende-se por cerca de 360 km desde o Lago de Tiberíades, a norte, até ao Golfo de Aqaba, no Mar Vermelho, a sul, com uma largura média de 10 km, incluindo o Vale do Rio Jordão, a região do Mar Morto, os Ghors do Sul e Wadi Araba. A altitude do fundo do vale varia entre -212 m a sul do Lago Tiberíades e - 430 m no Mar Morto, e sobe até +250 m no centro de Wadi Araba antes de descer até ao nível do mar em Aqaba.

As variações de temperatura, humidade e precipitação produziram zonas agro-climáticas distintas. A precipitação anual começa em outubro e termina em maio. As variações anuais da precipitação são bastante elevadas; em anos secos, pode atingir 200 mm na parte norte do vale e 50 mm no Mar Morto, enquanto em anos húmidos, estes locais podem receber 400 mm e 200 mm, respetivamente. As variações salientes entre as partes norte, central e sul do JV são claras em termos de disponibilidade de água, qualidade da água, tipo de solo e padrão de cultivo.

O Vale do Jordão pode ser considerado uma estufa natural com a vantagem relativa de produzir frutas e legumes fora de época. Embora a sua área represente menos de 5% da área da Jordânia e a sua população menos de 6% da população do país, o Vale produz cerca de 70% das frutas e legumes do Reino.

Os produtos hortícolas predominantes no Vale do Jordão são: tomate, pepino, batata, beringela, abóbora, cebola, repolho, couve-flor e culturas de folhas. Os pomares de citrinos predominam a norte, a agricultura protegida a meio e a banana na faixa final, antes do Mar Morto. Nos últimos anos, assistiu-se à expansão da plantação de tamareiras (sobretudo do tipo Majjoul) no vale do Médio Jordão.

O Governo jordano, através da JVA e das organizações que a antecederam, começou desde o início dos anos cinquenta do século passado a implementar projectos de desenvolvimento de infra-estruturas e de irrigação no Vale do Jordão.

O declínio contínuo dos recursos hídricos disponíveis no Vale, combinado com o aumento da procura de água, com prioridade para o uso municipal, resultou no surgimento de um estado de insatisfação entre os utilizadores da água de irrigação e um estado de desconfiança entre os utilizadores da água e a ECA, por um lado, e entre os próprios utilizadores da água, por outro.

A abordagem participativa foi introduzida como um aspeto de governação para envolver os utilizadores da água na gestão dos serviços de água de irrigação com a JVA. Em 2001, foram adoptadas zonas-piloto para iniciar este desafio no norte, no centro e no sul do Vale do Jordão, que resultaram na formação de comités, conselhos e cooperativas de utilizadores da água, nos quais os agricultores partilharam com a JVA, numa base voluntária, a operação das redes de irrigação.

O processo continuou a expandir-se e a ganhar mais ímpeto com base nos êxitos obtidos no aumento da eficiência da utilização da água e na satisfação dos agricultores, até atingir 22 Associações de Utilizadores de Água (WUA) oficialmente registadas, das quais 17 têm acordos contratuais com a JVA, cobrindo cerca de 70% da área do

Vale do Jordão. Outras estão a ser desenvolvidas.

A parceria entre a JVA e as WUAs resultou na melhoria da eficiência da irrigação e da gestão dos recursos hídricos. Ajudou a melhorar a relação de cooperação entre os agricultores, ganhando confiança e segurança, e melhorando os trabalhos de manutenção.

O desafio que se coloca é o de manter e expandir esta abordagem bem sucedida de modo a abranger todo o Vale do Jordão e adotar um quadro institucional e jurídico adequado para as WUAs, bem como um quadro adequado para representar estas associações ao nível das zonas agro-climáticas e em todo o Vale do Jordão.

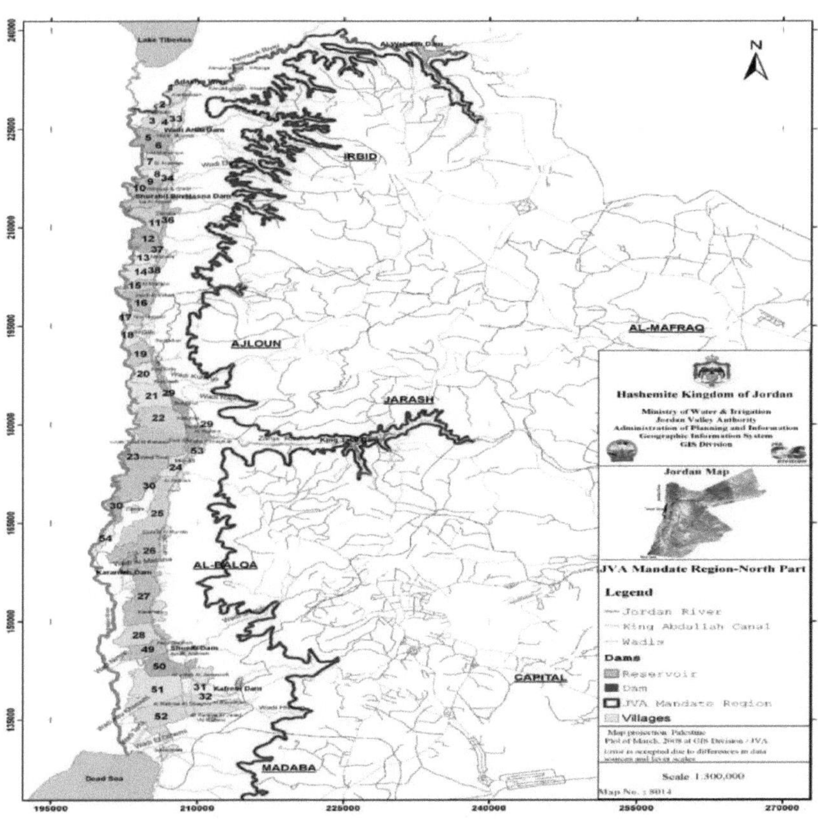

Figura 1: Região do mandato do Vale do Jordão a norte do Mar Morto
Fonte: GIS-JVA

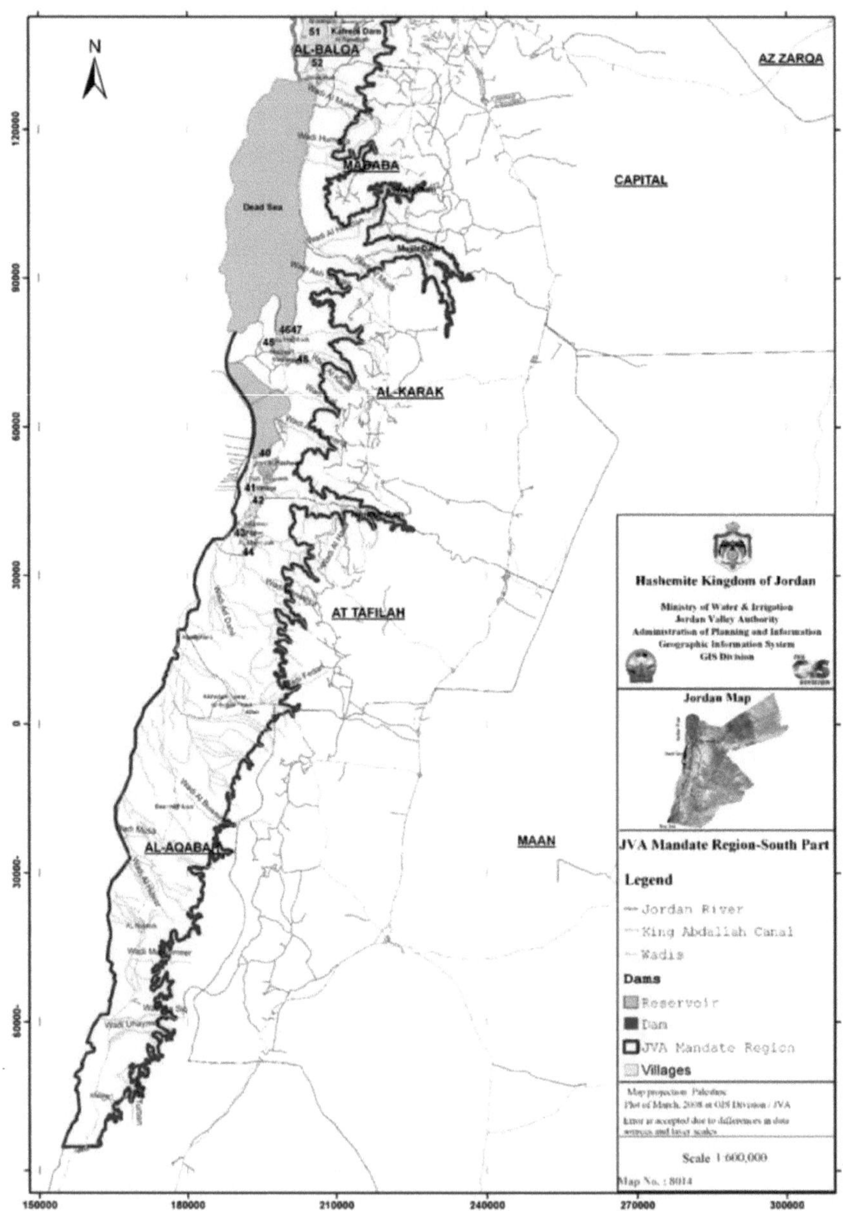

Figura 2: Região do mandato do Vale do Jordão em Ghors do Sul e Wadi Araba
Fonte: GIS-JVA

Figura
3: Vista geral do Vale do Jordão Norte

Figura
4: Vista geral do vale do Médio Jordão

Figura
5: Vista geral de Ghors do Sul
Fonte: Inquérito do Projeto de Utilização dos Solos

Capítulo 2

2 Definição de governação:

A UNESCO definiu a governação como estruturas e processos concebidos para assegurar a responsabilização, a transparência, a capacidade de resposta, o Estado de direito, a estabilidade, a equidade e a inclusão, a capacitação e a participação alargada.

A governação representa também as normas, os valores e as regras do jogo através dos quais os assuntos públicos são geridos de forma transparente, participativa, inclusiva e reactiva. Por conseguinte, a governação pode ser subtil e pode não ser facilmente observável. Em sentido lato, a governação diz respeito à cultura e ao ambiente institucional em que os cidadãos e as partes interessadas interagem entre si e participam nos assuntos públicos. É mais do que os órgãos do governo.

As agências internacionais como o PNUD, o Banco Mundial, o Comité de Ajuda ao Desenvolvimento (CAD) da OCDE e outras definem a governação como o exercício da autoridade ou do poder para gerir os assuntos económicos, políticos e administrativos de um país.

Muitas vezes, há uma tendência para equiparar a governação à gestão, sendo que esta última se refere principalmente às funções de planeamento, implementação e monitorização para alcançar resultados pré-definidos. A gestão engloba processos, estruturas e disposições que são concebidos para mobilizar e transformar os recursos físicos, humanos e financeiros disponíveis para alcançar resultados concretos. A gestão refere-se a indivíduos ou grupos de pessoas a quem é dada a autoridade para alcançar os resultados desejados.

Os sistemas de governação estabelecem os parâmetros de funcionamento dos sistemas de gestão e administração. A governação tem a ver com a forma como o poder é distribuído e partilhado, como as políticas são formuladas, como as prioridades são definidas e como as partes interessadas são responsabilizadas.

Capítulo 3

3 Resumos da Estratégia Nacional para a Água 2016-2025

- No contexto jordano, os Objectivos de Desenvolvimento Sustentável (ODS) reafirmam a necessidade de alcançar o desenvolvimento sustentável através da promoção do desenvolvimento económico, da inclusão social, da sustentabilidade ambiental e da boa governação, incluindo a paz e a segurança. A Jordânia continua empenhada nestes princípios de desenvolvimento, o que se reflecte na sua Estratégia Nacional para a Água 2016-2025.

- Trabalharemos para aprovar as reformas institucionais necessárias e estabelecer regulamentos adequados para reestruturar o sector da água a médio prazo, com base na eficiência, na funcionalidade e na responsabilização de funções que abranjam a governação, a regulamentação, o desenvolvimento do abastecimento, a transmissão, a distribuição e os serviços de consultoria.

- A monitorização e avaliação da estratégia de Gestão Integrada dos Recursos Hídricos (GIRH) utilizará os principais indicadores para a elaboração de relatórios, que incluem: Índice de Eficiência Hídrica, Índice de Capital Natural da Água, Índice de Retirada Sustentável de Água e Índice de Implementação da GIRH.

- O Plano Diretor Nacional da Água (PNDH) é institucionalizado. O Ministério da Água e Irrigação (MWI) assegurará que o NWMP continue a ser um instrumento de gestão dinâmico para o planeamento estratégico do sector da água.

- Implementaremos a "Política de Utilização das Águas Superficiais", com o objetivo de explorar todo o potencial das águas superficiais, na medida do permitido pela viabilidade económica e pelos impactos sociais e ambientais. A avaliação dos recursos de superfície disponíveis e potenciais será efectuada periodicamente.

- Será criado um programa integrado de desenvolvimento e conservação para aumentar o desenvolvimento das águas de superfície, incluindo o desenvolvimento de planos de gestão sustentável para os sistemas de superfície no Vale do Jordão.

- Trabalharemos no sentido de garantir à Jordânia quotas justas e equitativas nos acordos com os países com os quais a Jordânia tem recursos hídricos transfronteiriços e partilhados. As bacias partilhadas são geridas com base numa abordagem integrada (IWRM), não prescindindo da necessidade de cooperação regional para desenvolver contingências para secas e impactos das alterações climáticas.

- As formas de organização e as fontes de financiamento são adequadas à função desempenhada, ou seja, a prestação de serviços de água organizada numa base comercial, o planeamento e a gestão dos recursos hídricos organizados como um serviço do sector público.

- A estrutura organizacional revista, juntamente com os princípios básicos, regras e práticas de governação e gestão da água, são codificados numa legislação abrangente e actualizada sobre a água.

- O MWI definirá as fronteiras entre todos os serviços de água a granel e a retalho e estabelecerá relações contratuais efectivas entre o fornecedor de água a granel e os respectivos serviços públicos, bem como entre o fornecedor de água a granel e as suas fontes de abastecimento, incluindo a JVA.

  - Desenvolver e implementar um plano abrangente de desenvolvimento de capacidades que vise todos os intervenientes no sector da água (por exemplo, instituições do sector, investigadores, contratantes, consultores).

- O MWI criará um Sistema Nacional de Informação sobre a Água (NWIS) que facilitará a tomada de decisões.

- Melhorar a eficiência energética das instalações hídricas, a fim de diminuir o consumo específico de energia para o abastecimento de água, e introduzir tecnologias de energias renováveis para proteger o ambiente e reduzir as volatilidades dos preços da energia no sector da água.

- Os objectivos energéticos do MWI para o ano 2025 são especificamente Reduzir o consumo global de energia nas instalações públicas de água em 15%, e aumentar a quota de energias renováveis para 10% do fornecimento global de energia. A "Política de Eficiência Energética e Energias Renováveis para o Sector da Água da Jordânia" e o plano de ação associado com prioridades serão implementados.

- Cerca de 60% da agricultura na Jordânia depende da água da chuva e 40% é agricultura de regadio nas terras altas e no vale do Jordão. Estes 40% de agricultura de regadio produzem 90% do total dos produtos agrícolas.

- A agricultura no Vale do Jordão produz 70% do total dos produtos agrícolas, consumindo apenas 35% da água de irrigação. Este facto demonstra a maior produtividade das terras cultivadas com água de irrigação e a importância da irrigação no Vale do Jordão.

3.1 Quadro institucional do sector da água

- Para o sector da água e para o Ministério da Água e da Irrigação (MWI), existe uma necessidade crescente de uma organização de gestão da água mais consolidada, harmonizada e coordenada, apoiada por um forte quadro jurídico/regulamentar, especialmente quando a abordagem de GIRH, apoiada por instrumentos de gestão fundamentais, está a ser reforçada para otimizar a utilização dos recursos hídricos.

- É necessário criar uma estrutura nacional harmonizada para implementar planos operacionais para os sistemas de abastecimento, distribuição e fornecimento de água; mobilizar capital público/privado para a expansão e melhoria das infra-estruturas; recuperar de forma sustentável os custos de funcionamento e manutenção; proteger a qualidade dos recursos hídricos e dos ecossistemas dependentes da água; e proteger os direitos dos consumidores.

- O sector nacional da água necessitaria de uma estratégia de governação e de um quadro institucional reformulados que racionalizassem, consolidassem e reorganizassem as principais funções de governação:
  - política e planeamento nacionais;
  - gestão das operações e garantia de qualidade;
  - prestação de serviços sectoriais sustentáveis;
  - funções reguladoras e normativas; e
  - coordenação do sector e interface com o cliente.

Isto, por sua vez, requer uma estrutura organizacional revista e uma lei da água abrangente que tenha em conta as novas realidades que o sector enfrenta.

3.2 Implementação da Estratégia de GIRH

- A análise das instituições nacionais será baseada num quadro abrangente que reconhece os factores biofísicos, socioeconómicos e relacionados com as políticas. O MWI procurará criar um quadro institucional bem sucedido e funcional para a implementação da GIRH, e desenvolvê-lo-á com cuidado e com a devida consideração pelos vários círculos eleitorais e pelas necessidades das partes interessadas, incluindo os grupos e associações de utilizadores, os prestadores de serviços, as empresas públicas e as empresas do sector privado, os organismos reguladores e de execução, o sector privado, as autoridades locais, os grupos de agricultores, as instituições da sociedade civil, as ONG e as organizações de base comunitária.

- O Ministério da Água e Irrigação (MWI) terá um papel de liderança como "proprietário" do processo de implementação da GIRH. O MWI irá liderar a iniciação, o planeamento, a coordenação e a facilitação do diálogo com as partes interessadas. O MWI será apoiado pelo WAJ, a JVA, o Ministério do Planeamento e Cooperação Internacional (MoPIC) e os Ministérios das Finanças (MoF), Agricultura (MoA) e Ambiente (MoEnv). O MWI também será responsável pela mobilização de financiamento e outros recursos técnicos e de gestão.

- Serão criadas outras instituições/mecanismos de facilitação, se for caso disso, incluindo o comité/força de trabalho interministerial. Serão criadas capacidades institucionais e parcerias para uma melhor gestão.

- A monitorização e avaliação da estratégia de GIRH utilizará indicadores importantes para a elaboração de relatórios, incluindo
    - Índice de eficiência hídrica,
    - Índice do Capital Natural da Água,
    - Índice de consumo sustentável de água e
    - Índice de Implementação da GIRH.

3.3 Sector da agricultura de regadio na Jordânia

- Na Jordânia, apesar de apenas 5% das terras receberem precipitação suficiente para suportar o cultivo, a agricultura é atualmente o maior utilizador de água. Embora os agricultores irriguem menos de 10% do total das terras agrícolas, as necessidades de água da agricultura representam cerca de 60% das necessidades totais de água a nível nacional, estimadas em 700 milhões de metros cúbicos.

■ O sistema de subsídios da Jordânia afecta a utilização da água de irrigação, o que exige um racionamento rigoroso para atribuir os restantes recursos hídricos. Uma tarifação adequada da água pode ser utilizada para otimizar os padrões de cultivo e a distribuição da água, o que também pode aumentar substancialmente a produção agrícola. Serão adoptadas diferentes tecnologias de irrigação que resultarão em ganhos de rendimento e poupanças de água.

■ De acordo com a política nacional de reafectação da água, a água doce atribuída à agricultura de regadio nas terras altas será limitada e eventualmente reduzida, sendo substituída por águas residuais tratadas. A agricultura de regadio será alargada principalmente onde existam águas residuais tratadas.

■ A água de irrigação no Vale do Jordão aumentará com as melhorias registadas na recuperação da água não faturada, ou quando forem desenvolvidas novas fontes de abastecimento de água e as águas residuais tratadas aumentarem.

3.4 Objectivos estratégicos:
- **Água para a agricultura de regadio**
  - A produtividade da água aumentou.

  - Melhoria da eficiência do fornecimento de água de irrigação a granel e dos sistemas de irrigação nas explorações agrícolas no Vale do Jordão.

  - Qualidade da água das estações de tratamento, destinada a utilização agrícola, gerida para garantir a segurança alimentar.

  - Redução da utilização das águas subterrâneas para a agricultura nas terras altas, de modo a atingir níveis de rendimento seguros, 118 mcm em 2025, contra cerca de 588 mcm em 2014, e reforço da aplicação dos regulamentos existentes.

- **Melhorias na agricultura de regadio**

  A MWI tem como objetivo substituir as águas residuais domésticas tratadas por água doce na agricultura de regadio. Outras opções para melhorar e otimizar a eficiência da agricultura e da irrigação na utilização da água na Jordânia:

  (i) Reduzir as práticas agrícolas ineficientes:

a. O Ministério da Agricultura (MdA), com o apoio da MWI e da JVA, deve introduzir melhores práticas agrícolas, passando a utilizar um conjunto de culturas mais eficiente em termos de água, a fim de otimizar o rendimento por M3 de água utilizada. A redução da procura de água resolverá as distorções macroeconómicas e contribuirá em grande medida para reduzir a procura nacional de água.

b. Desenvolver um sistema integrado de apoio às culturas de elevado valor para os agricultores que inclua investigação agronómica aplicada, investigação sobre tecnologia de irrigação nas explorações, desenvolvimento do mercado e uma gama completa de serviços de aconselhamento aos agricultores.

c. Estabelecer parcerias com associações de utilizadores de água para promover e melhorar a eficiência da irrigação nas explorações agrícolas, a fim de maximizar a produção agrícola de uma unidade de área de terra por unidade de caudal de água de irrigação.

(ii) Aumentar o abastecimento de água para a agricultura:

a. Aumentar o abastecimento de água através da substituição de água doce proveniente de fontes de água superficiais e subterrâneas por águas residuais tratadas de estações de tratamento de águas residuais. A este respeito, o MWI aplicará a política de substituição que conduzirá à reutilização de cerca de 240 MCM de águas residuais tratadas.

b. A utilização de água para irrigação nas terras altas manter-se-á aos níveis actuais, com a possibilidade de redução no futuro. A água de irrigação no Vale do Jordão poderá aumentar quando forem disponibilizados novos recursos, como o aumento das quantidades de águas residuais tratadas.

c. É necessária a diversificação das fontes de água utilizadas na irrigação, ou seja, a introdução de novas tecnologias para a utilização direta de água salobra na irrigação.

d. O projeto do Mar Vermelho-Mar Morto tem um grande potencial para garantir permanentemente um abastecimento de água consistente e contínuo para as águas municipais e as águas residuais de irrigação a longo prazo.

(iii) Introdução de custos e incentivos adequados para o serviço de abastecimento de água:

a. Promover a eficiência hídrica na irrigação e maiores rendimentos económicos para os produtos agrícolas irrigados.

b. O MdA/MWI deve desencorajar a plantação de culturas com elevadas necessidades de água através da utilização de pressões de mercado, impondo tarifas de água mais elevadas na agricultura de regadio onde estão a ser cultivadas culturas com elevada intensidade de água.

c. Introduzir tarifas e incentivos adequados para a água, a fim de promover a eficiência hídrica na irrigação e maiores rendimentos económicos para os produtos agrícolas irrigados

(iv) Criação de um sistema global de gestão dos riscos:

Assegurar a saúde dos trabalhadores agrícolas e a produtividade

  dos solos e produtos higienicamente seguros.

a. Serão promovidas tecnologias alternativas, como a recolha de águas pluviais para melhorar o abastecimento de água para irrigação

b. Implementar um programa de testes e regulamentação rigorosos da qualidade das águas residuais tratadas fornecidas às explorações agrícolas e incluir normas de qualidade da água nos contratos de fornecimento de águas residuais

c. Conceber e aplicar um programa de aquisição de poços para os proprietários de poços nas terras altas, associado a uma proibição rigorosa de novos poços.

Apoio institucional à agricultura de regadio

O plano estratégico da JVA para apoiar a expansão e a otimização da agricultura de regadio no Vale do Jordão incluiria

a. Satisfazer as necessidades dos actuais e futuros utilizadores de água, desenvolvendo, protegendo e sustentando os recursos hídricos existentes e novos, tendo em conta considerações económicas e ambientais e, sempre que possível, envolvendo o sector privado.

b. Assegurar que as infra-estruturas, sistemas, instalações e parcerias de distribuição de água existentes na JVA sejam geridos de forma eficiente, transparente e equitativa,

c. Desenvolver, gerir, regulamentar e proteger os recursos relacionados com a irrigação para maximizar a sua utilidade económica, assegurando simultaneamente a proteção ambiental e a sustentabilidade no Vale do Jordão.

d. Reforçar as associações de utilizadores de água na JV que são financeiramente autónomas e transferir para elas a gestão da água a nível terciário.

e. Utilização eficiente da água e da atribuição de águas residuais tratadas para irrigação através da gestão da procura, da conservação e da reutilização/reciclagem, bem como da utilização eficiente do armazenamento de águas superficiais.

f. Expansão da utilização segura das águas residuais tratadas, utilizando a abordagem do sector privado e das parcerias público-privadas para a construção de novas estações de tratamento de águas residuais, a fim de satisfazer a procura nacional e explorar as utilizações produtivas na agricultura, na indústria e nas paisagens urbanas.

Necessidades energéticas do sector da água

a. Só as necessidades de energia para bombagem de água em 2014 ascenderam a cerca de 14% da produção total de energia da Jordânia, com um total de 1.424 GWh utilizados. Por conseguinte, torna-se essencial examinar as opções viáveis para minimizar os custos de energia no sector.

b. A otimização da utilização de energia no sector da água serve o objetivo da reestruturação financeira, melhorando a recuperação dos custos, explorando fontes de energia alternativas e diminuindo as ineficiências.

c. A melhoria da eficiência da utilização de energia no sector da água e a introdução de tecnologias de energias renováveis conduzirão a uma redução dos custos de abastecimento de água e evitarão perdas desnecessárias para o sector.

d. O MWI começou a investir em energias renováveis para a bombagem de água, o tratamento de águas residuais e a dessalinização, sempre que possível. Existe também um enorme potencial para promover a participação do sector privado e parcerias público-privadas e tecnologias novas e alternativas, como a energia solar, a recolha de águas pluviais e o saneamento ecológico.

e. Uma redução de 15% no consumo específico de energia da água facturada correspondente a uma redução de 0,46 kg de emissões de CO2 para a produção por cada metro cúbico de água facturada.

f. Aumentar para 10% a quota de recursos energéticos renováveis na produção de eletricidade para o sector, o que corresponde a uma poupança total de 0,26 kg de emissões de CO2 por cada M3 de água facturado.

Parcerias públicas/privadas

Esta modalidade oferece possibilidades significativas de reforço da capacidade institucional para a implementação e gestão do sector da água. O governo procura cada vez mais conhecimentos profissionais especializados através de várias formas de parcerias deste tipo, o que ajudaria a acelerar a realização dos objectivos locais e nacionais de forma acessível.

a. Uma das principais áreas de necessidade é a redução efectiva da O&M e da água não faturada (NRW), que envolverá a gestão da transmissão e da distribuição e a melhoria dos processos não técnicos e das questões contabilísticas.

b. Uma vez que a RNO e as operações e manutenção estão tão intimamente ligadas, as parcerias público-privadas devem abordar ambos os domínios, sempre que possível.

■ **Desenvolver as capacidades do sector da água**

• A capacidade de prestar serviços de forma eficaz e eficiente é fundamental para a sustentabilidade a longo prazo do sector da água e do saneamento. A maior parte dos obstáculos à aceleração da prestação de serviços deve-se a problemas de capacidade a todos os níveis da gestão e da execução. São necessários modelos de gestão adequados para garantir que a prestação de serviços de água e saneamento seja sustentada para além da execução dos projectos de infra-estruturas.

- Devido às limitações institucionais do sector da água na Jordânia, existem lacunas significativas nas capacidades técnicas, operacionais e de gestão a vários níveis. As actuais lacunas em termos de capacidade e de conhecimentos devem ser avaliadas em todo o sector e deve ser elaborado um plano de desenvolvimento das capacidades, juntamente com um orçamento e um plano de acompanhamento da supervisão.

- Esta abordagem assegurará um processo de renovação contínua de competências e conhecimentos especializados e ajudará a criar uma força de trabalho com a capacidade necessária para gerir e prestar serviços de forma eficiente e eficaz.

- Os esforços de desenvolvimento de capacidades não devem limitar-se às agências governamentais, mas devem também incluir instituições de conhecimento, entidades relevantes do sector privado, ONG, organizações de base comunitária e partes interessadas individuais que gostariam de contribuir e acrescentar valor ao trabalho do sector.

- Há uma grande necessidade de conhecimentos técnicos especializados na gestão do sector, incluindo o acompanhamento e a avaliação, a gestão e a análise de dados; na engenharia e nas ciências aplicadas, incluindo a hidrologia e a ecologia; nas ciências sociais (economia, ciência política); no direito; e na administração pública.

- Outras áreas de relevância direta são a resolução de conflitos, as competências de negociação, a cooperação transfronteiriça e o planeamento e mobilização de recursos financeiros. A promoção de intercâmbios de pessoal e a partilha de experiências constituem oportunidades adicionais de aprendizagem a todos os níveis.

- No que se refere às instituições/entidades de gestão setorial na Jordânia, o desenvolvimento profissional individual e a formação, por si só, não são muito eficazes, a não ser que sejam acompanhados de um reforço institucional, ou seja, de uma melhoria da governação e da gestão destas instituições. Entre os exemplos de reforço institucional contam-se a garantia de que cada instituição dispõe de uma estratégia e de um plano de trabalho claros, a orientação do recrutamento de pessoal para as necessidades da instituição e a garantia de que as instituições dispõem de um orçamento de funcionamento em conformidade com a sua missão e estratégia.

- São necessários esforços para oferecer oportunidades profissionais suficientemente atractivas para manter a capacidade do sector no país. O objetivo geral é dispor de instituições sólidas com profissionais qualificados.
- Uma vez que o nexo água-alimentação-energia foi adotado pelo discurso de sustentabilidade dominante no âmbito dos ODS, o MWI irá construir, em coordenação com outras partes interessadas, uma melhor compreensão da interdependência dos recursos hídricos, alimentares, energéticos e climáticos; os nossos sistemas políticos irão catalisar um quadro informado e transparente em torno da determinação de compromissos e sinergias que satisfaçam a procura, incluindo dos pobres, sem comprometer a sustentabilidade.
- A segurança da água continua a ser fundamental para o conceito de nexo, porque a segurança alimentar e energética não pode ser alcançada sem ela. As alterações climáticas amplificam a importância e a interdependência desta relação dinâmica, mas não são vistas no discurso do nexo como o principal fator de mudança.
- A nossa abordagem de nexo dará maior ênfase à tomada de decisões descentralizada e coordenada como fonte de soluções, bem como a fonte de compreensão dos desafios enfrentados.
- A nossa abordagem salientará também o imperativo comercial e a necessidade de nos prepararmos para cenários de investimento no futuro. Sublinha que a economia da água é simultaneamente atraente e exigente e que a segurança da água, o desenvolvimento económico e o PIB estão interligados.
- Estabeleceremos parcerias com os fabricantes e produtores de estações e instalações de bombagem de água para introduzir programas de eficiência

energética em todas as instalações viáveis.

- O MWI envidará esforços para criar incentivos à utilização da água para fins agrícolas que apoiem os objectivos da política de segurança alimentar, desenvolverá mecanismos de incentivo à utilização de energias renováveis e à eficiência energética no sector da água, procederá a uma avaliação adequada e utilizará o potencial de produção de energia hidroelétrica em muitos locais onde a água desce em altitude, em especial no fluxo das terras altas para o vale do Jordão, e utilizará os biossólidos das águas residuais das estações de tratamento para produzir energia renovável e melhorar as condições ambientais.

- O acompanhamento e a avaliação baseiam-se nos indicadores e nas metas do sector da água. Estes indicadores e metas devem ser mensuráveis e devem representar o grau de mudança que ocorre nos serviços prestados pelo sector da água, que estão alinhados com os Objectivos de Desenvolvimento Sustentável (20152030).

- Estes indicadores podem ser categorizados em quatro temas principais que descrevem o desempenho do sector da água, como se segue: - Sustentabilidade financeira do sector da água

  - Melhorar os serviços de água e de águas residuais
  - Abastecimento de água para satisfazer a procura para todas as utilizações
  - Sustentabilidade e proteção dos recursos hídricos

Entre os principais desafios que dificultam a avaliação e a medição dos indicadores do sector da água contam-se os seguintes

- ■ Falta de dados exactos para medir alguns indicadores.
- ■ Utilização de meios e dados insuficientes para tomar decisões correctas. Os projectos necessários para alcançar os objectivos e indicadores do sector da água foram incluídos no Programa Executivo do Sector da Água 2016-2018, bem como no Programa de Investimento de Capital 2016-2025, incluindo um sistema de monitorização e avaliação de projectos e realizações. Estas realizações planeadas estão alinhadas com a "Jordânia 2025" (Estratégia e visão nacionais).

Capítulo 4

4 Quadro jurídico do sector da água

A Constituição da Jordânia prevê a igualdade perante a lei e a igualdade de

direitos para todos os cidadãos. A água e o saneamento são regulados pelo

Decreto-Lei n.º 14 de 2014 do Ministério da Água e da Irrigação; pela Lei n.º 18

de 1988 da Autoridade da Água da Jordânia e suas alterações; e pelo Decreto-Lei

n.º 30 de 2001 da Autoridade do Vale do Jordão. Outras leis relevantes incluem a

Lei da Saúde Pública n.º 47 de 2008, a Lei da Proteção Ambiental n.º 85 de 2006

e a Lei das Águas Subterrâneas n.º 85 de 2002 e respectivas alterações.

4.1 A Autoridade do Vale do Jordão (JVA)

- A JVA é uma organização governamental dependente do Ministério da Água e

  da Irrigação (MWI). É responsável pelo desenvolvimento socioeconómico do

  Vale do Jordão, gere principalmente o abastecimento de água a granel para fins

  de irrigação, domésticos e industriais e promove o desenvolvimento da terra no

  Vale.

- A JVA é também responsável pelo desenvolvimento dos recursos hídricos,
  pela melhoria do ambiente, pela energia hidroelétrica, pelo turismo, pela
  indústria e por outros usos benéficos no Vale, bem como pela definição de
  todos os regulamentos necessários para controlar a utilização da água nas
  unidades agrícolas, pela supervisão das redes de irrigação e das redes de
  estradas agrícolas e pela implementação de planos directores e de pormenor
  para terras fora da autoridade de planeamento dos municípios.

- A JVA organizou Associações de Utilizadores de Água (WUA) no Vale do Jordão para

  incentivar a participação da comunidade e do sector privado na gestão dos recursos públicos

  e para prestar serviços aos seus clientes. Até à data, foram criadas 22 WUA e 17 assinaram

  acordos com a JVA, nos quais foram atribuídas tarefas específicas a estas associações,

  mediante o pagamento de uma taxa variável que depende de vários factores.

- A JVA ajudará a legalizar o estabelecimento e as actividades de trabalho das WUA,

  permitindo-lhes registar-se oficialmente e trabalhar ao abrigo da lei cooperativa n.º 18

  (1997), e a capacitar e reforçar estas associações, melhorando a sua capacitação através da

  organização de cursos de formação específicos. A JVA também planeia desenvolver uma

  rede de agrupamentos de WUA por região para lhes dar mais autoridade representativa para

  implementar as prioridades nacionais, incluindo a gestão da água e as actividades

  relacionadas com a operação e manutenção (O & M).

Capítulo 5

5 Características do Vale do Jordão

- O Vale do Jordão pode ser considerado uma estufa natural com a vantagem relativa de produzir frutas e legumes fora de época. A sua área representa menos de 5% da área terrestre do país e a sua população menos de 6% da população do país. As variações de temperatura, humidade e precipitação produzem zonas agro-climáticas distintas. As áreas irrigadas localizadas no Vale do Jordão são da ordem de 330.000 dunums (33.000 Ha). Cerca de 60.000 (6.000 Ha), mais dunums de terras aráveis continuam por irrigar a norte do Mar Morto, e cerca de 20.000 dunums (2.000 Ha) a sul do Mar Morto.

- Devido ao enorme desequilíbrio na equação população - recursos hídricos, os efluentes das águas residuais tratadas são adicionados ao stock de água para utilização na agricultura de regadio. Constituirá uma percentagem substancial da água de rega nos próximos anos. No entanto, outras utilizações das águas residuais tratadas que demonstrem retornos sociais e económicos adequados são também vigorosamente procuradas.

- O Vale do Jordão consome 50% da água de irrigação consumida pelas terras altas e produz o dobro do volume de produtos. Noutra frente, embora o AEC consiga atingir uma taxa de recuperação de custos de 20% para a água destinada a utilizações agrícolas e industriais, a recuperação de custos apenas para a utilização agrícola é muito inferior, porque as receitas da indústria são cerca de 40 vezes superiores às da agricultura.

- Com o aumento da população e o impacto das alterações climáticas, prevê-se que a utilização da água para irrigação aumente num futuro próximo devido à procura crescente de produção alimentar e ao aumento previsto da disponibilidade de fontes de água não convencionais, como as águas residuais tratadas, a recolha de águas pluviais e a água do mar dessalinizada. O Governo envidou esforços para melhorar a afetação da água para uso doméstico, aumentando a eficiência da agricultura, assegurando uma utilização eficiente da água na agricultura e substituindo gradualmente a água anteriormente afetada à agricultura por águas residuais tratadas e águas pluviais.

- Um dos principais desafios no Vale do Jordão é aumentar a produtividade da água utilizada na agricultura de regadio, reduzindo as perdas e a utilização improdutiva da água e alterando os padrões de cultivo para incluir uma maior produção de culturas de maior valor. Um segundo desafio é garantir a segurança e a exportabilidade dos produtos cultivados com águas residuais tratadas.

Capítulo 6

6 Estrutura institucional no Vale do Jordão

O Vale do Jordão está dividido administrativamente em quatro **Direcções de Operação e Manutenção**, como se mostra na figura 6 abaixo, cada uma delas responsável por uma série de **Gabinetes de Fase** para servir os agricultores e cidadãos de JV próximos.

Esta estrutura administrativa descentralizada, com a delegação de poderes da sede para as direcções e gabinetes de estágio, permite a flexibilidade das actividades de operação e manutenção e facilita a vida aos agricultores que podem requerer os seus pedidos de irrigação e pagar as suas taxas de água no gabinete mais próximo das suas explorações.

<u>As outras direcções de apoio da empresa comum incluem</u>

- Direção de Controlo e Gestão da Água: Responsável pela gestão e controlo dos recursos hídricos da JV e da rede de medição hidráulica a partir de um centro de controlo localizado em Deir Alla, no centro da JV. O centro de controlo está operacional em linha 24 horas por dia.
- Direção de Drenagem: Responsável pela implementação e manutenção das redes de drenagem superficial e sub-superficial da JV.
- Direção de Oficinas e Equipamentos: Responsável pela manutenção de máquinas, equipamentos e estações de bombagem.
- Direção de Apoio e Acompanhamento: Responsável pelas actividades de manutenção dos projectos KAC e de irrigação. Realiza também as actividades de manutenção dos caminhos agrícolas e dos edifícios da JVA.
- Direção de Laboratórios: Responsável pela análise de amostras de água, solo e plantas, e presta apoio e aconselhamento aos agricultores em questões de fertilizantes e classificação de solos.
- Direção de Terras: Responsável pela atribuição de terras aos agricultores e cidadãos de JV, para fins agrícolas e residenciais.

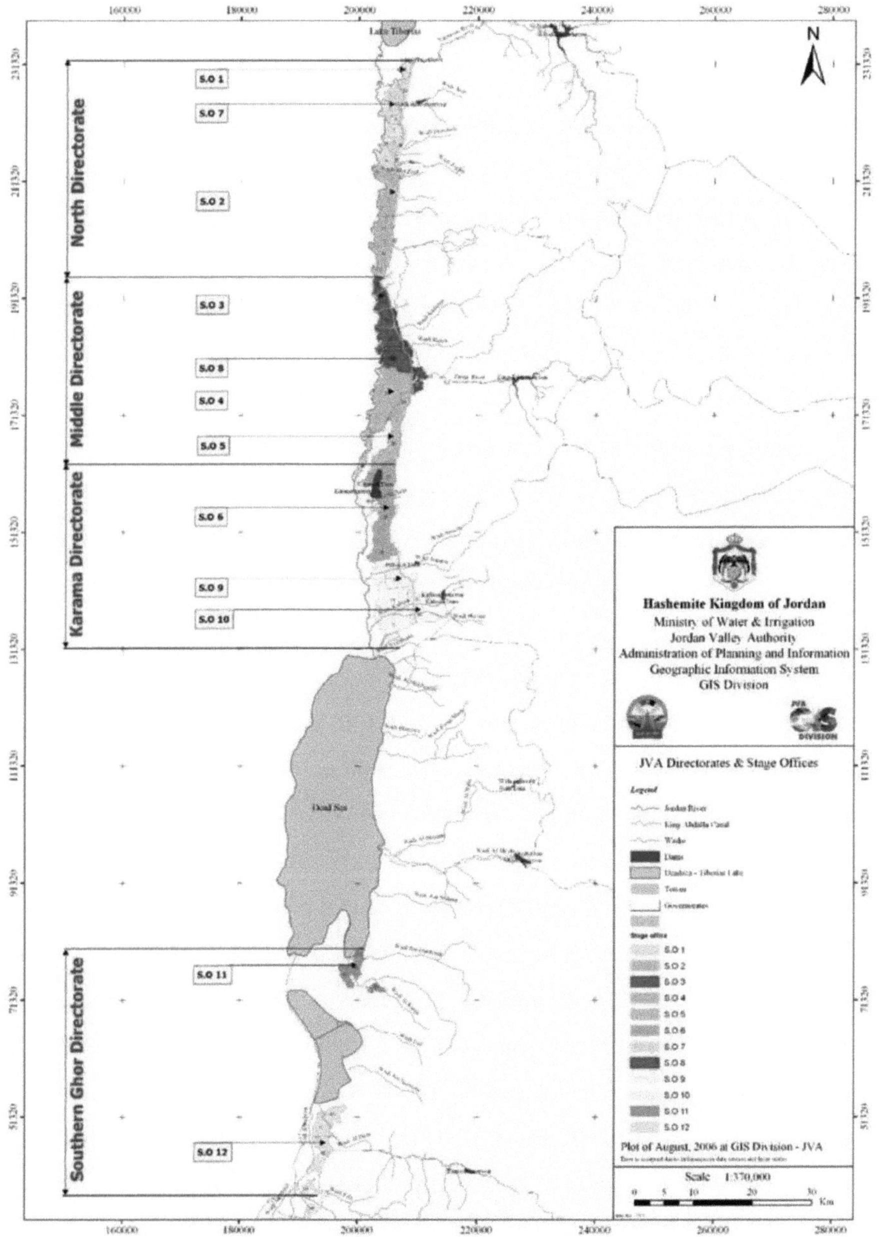

Figura 6: Configuração institucional no Vale do Jordão
Fonte: GIS-JVA

Capítulo 7
7 Abastecimento e procura de água no Vale do Jordão 7.1 Recursos hídricos de superfície

Os recursos hídricos na EC são o fator mais crucial e limitante que condiciona a produção agrícola. A quantidade de terras irrigáveis excede de longe a quantidade de água disponível (cerca de 50% das terras irrigáveis poderiam ser irrigadas), e há uma concorrência crescente dos usos municipais e industriais pelos mesmos recursos hídricos. Estima-se que os recursos hídricos anuais disponíveis no vale sejam de cerca de 300 mcm/ano, dos quais cerca de 100 mcm/ano são bombeados para a cidade de Amã para fins municipais.

O rio Yarmouk é considerado o principal recurso hídrico do vale. O caudal do rio é muito variável entre o inverno e o verão e é partilhado com os países vizinhos. Em média, 50 mcm/ano são desviados do rio para o Canal Rei Abdulla (KAC). A barragem de Al Wehda (110 mcm) foi construída no rio para armazenar as cheias de inverno e regular o caudal de base.

A utilização extensiva dos recursos da bacia do rio Jordão pelos utilizadores a montante, nos países vizinhos, provocou a diminuição acentuada da descarga do rio no Mar Morto, que se estima ser atualmente inferior a 10% do seu caudal histórico, causando assim a diminuição do nível do Mar Morto e os danos em todo o ecossistema da zona.

O segundo recurso principal é o rio Zarqa, cujo caudal é controlado pela barragem do Rei Talal (75 mcm). A barragem recebe o caudal de retorno da M&I Amã-Zarqa, estimado em cerca de 130 mcm/ano. Outros recursos mais pequenos são os wadis laterais de Arab, Ziglab, Jurum, Rayan, Kufranja, Rajib, Shueib, Kafrein e Hisban.

A barragem de Wadi Arab tem uma capacidade de 16,8 mcm e depende principalmente da água bombeada no inverno pela KAC. Foram também construídas barragens de armazenamento em Wadi Ziglab (3,9 mcm), Wadi Kufranjeh (7,8 mcm), Wadi Shueib (1,4 mcm) e Wadi Kafrein (8,5 mcm). A barragem de Karama (55 mcm) foi construída para armazenar as cheias excedentárias do norte.

Estão atualmente a ser construídas quatro outras barragens: Barragem de Karak (2,1

MCM), Barragem de Ibn Hammad (4 MCM), Barragem de Zarqa Maein (2 MCM), Barragem de Lajjoun (1 MCM). Estão planeadas outras barragens para aumentar a capacidade de armazenamento das barragens para 400 MCM até ao ano 2025.

A média dos recursos hídricos disponíveis no Vale do Jordão para irrigação e outras utilizações é de cerca de 300 MCM/ano, dos quais 100 MCM são bombeados para Amã para uso municipal e 5 MCM para as indústrias do Mar Morto.

A sub-bacia do Mar Morto Oriental é constituída por bacias hidrográficas que drenam para o Mar Morto. Os principais afluentes são Wadi Mujib, Wala, Zarqa-Ma'een, Karak, Hasa e outras bacias intermédias, incluindo Wadi ibn Hammad. Foram construídas três barragens de armazenamento na zona: A barragem de Mujib (29,8 mcm), a barragem de Wala (8 mcm) e a barragem de Tannour em Wadi Hasa (16,8 mcm). Foi construído um projeto integrado para transportar a água destas três barragens, para além das nascentes de Zara-Main, para fins domésticos, para Amã (40 mcm/ano), para a indústria de potassa e outras indústrias minerais (4 mcm/ano), para o turismo na costa oriental do Mar Morto (3 mcm com aumento gradual para 10 mcm/ano) e para projectos de irrigação no sul de Ghors (10 mcm/ano).

A sub-bacia do Sul do Mar Morto estende-se desde o extremo sul do Mar Morto, aproximadamente 100 km a sul, até Gharandal, em Wadi Araba. Os recursos hídricos superficiais médios nesta sub-bacia ascendem a cerca de 11,6 mcm/ano, dos quais 9 mcm/ano são caudais de base e 2,6 mcm/ano são caudais de cheia. Os principais cursos de água desta sub-bacia são Feifa, Khnaizeireh, Fidan, Qraigrah, Bir Madkour, Wadi Musa, Wadi Abu Khshaibah, Gharandal e Wadi Rahmah.

7.2 Recursos hídricos subterrâneos

A água subterrânea não é abundante em JV. Existem alguns aquíferos que produzem água doce: Os mais importantes são: O campo de poços Mukhaibeh (25 MCM/ano), o campo de poços Wadi Arab (20MCM/ano incluindo Zahar), o campo de poços Rajib que produz cerca de 6 MCM/ano para abastecimento doméstico, o campo de poços South Shuneh que produz cerca de 20 MCM/ano para irrigar cerca de 3000 hectares e o campo de poços Kafrein (8-12 MCM/ano). A sul do Mar Morto, o aquífero Safi produz cerca de 14 MCM/ano, a maior parte dos quais se destina a satisfazer a procura industrial da Arab Potash Company. No wadi Araba, a quantidade agregada de vários pequenos aquíferos é da ordem dos 15 MCM/ano.

7.3 Águas residuais tratadas

Existem 32 estações de tratamento de águas residuais (ETAR) na Jordânia, que produzem cerca de 150 MCM/ano, dos quais 110 MCM fluem para o vale do Jordão, sendo Khirbet Al-Samra, que descarrega no rio Zarqa, o maior efluente.

7.4 Canal do Rei Abdullah (KAC)

Situado na margem oriental do rio Jordão (110 km), entre Adasiyya e o Mar Morto, o KAC constitui a espinha dorsal do sistema hidráulico do Vale do Jordão. Tem uma capacidade de descarga de 25 m^3/s que diminui gradualmente para 2,6 m^3/s no seu final. Está dividida em duas secções principais separadas pelo sifão de Zarqa:

- **KAC Norte**: 65 km de comprimento: de Adasiyya a Deir Alla. É alimentado pelo rio Yarmouk através de um túnel de desvio, dos poços de Mukhaibeh, do transportador de Dajania e dos wadis laterais.

- **KAC Sul**: 45 km de comprimento. No inverno, esta secção é alimentada a partir da KAC Norte através do sifão de Zarqa de 12 m^3/s, enquanto no verão é alimentada a partir da barragem do Rei Talal através do curso do rio Zarqa e do canal Abu-Zigan.

7.5 Projectos de irrigação:

A área total equipada com redes de irrigação na EC ascende a 36 mil hectares:

- **Norte de Ghor**: 7300 ha, fornecidos pelo KAC Norte. Algumas partes são fornecidas pela transportadora ZCIII.

- **Nordeste de Ghor**: 4200 ha, abastecidos por três recursos principais: Reservatório de Wadi Arab, reservatório de Wadi Ziglab e Wadi Jurum. Algumas partes da rede são abastecidas pela KAC North.

- **Médio Ghor:** 6450 ha, fornecidos pelo KAC Norte e KAC Sul. Algumas partes são abastecidas pelo curso do rio Zarqa através dos transportadores ZCII e ZCIII.

- **Triângulo de Zarqa:** 1650 ha, abastecido pelo curso do rio Zarqa através do transportador ZCI. Pode também ser abastecido pela KAC Norte através da "Estação de Bombagem Dupla" (T.O. 63). A rede de irrigação de Damya é considerada parte do Triângulo de Zarqa e é alimentada pela KAC Sul.

- **Extensão de 18 km**: 3650 ha, fornecidos pela KAC South.

- **Extensão de 14,5 km**: 6000 ha, ainda não tem abastecimento de água disponível.

- **Kafrein/Hisban**: 1660 ha, abastecidos pela barragem de Kafrein e pelo wadi Hisban. Algumas partes são abastecidas pelo transportador norte do complexo Mujib.

- **Ghors do Sul**: 4750 ha, abastecidos pelos wadis de Ghor do Sul. Algumas partes são abastecidas pelo transportador sul do complexo Mujib.

Figura 7: Vista geral do canal King Abdulla

Figura 8: Estação de bombagem no canal King Abdulla
Fonte: Relatórios JVA

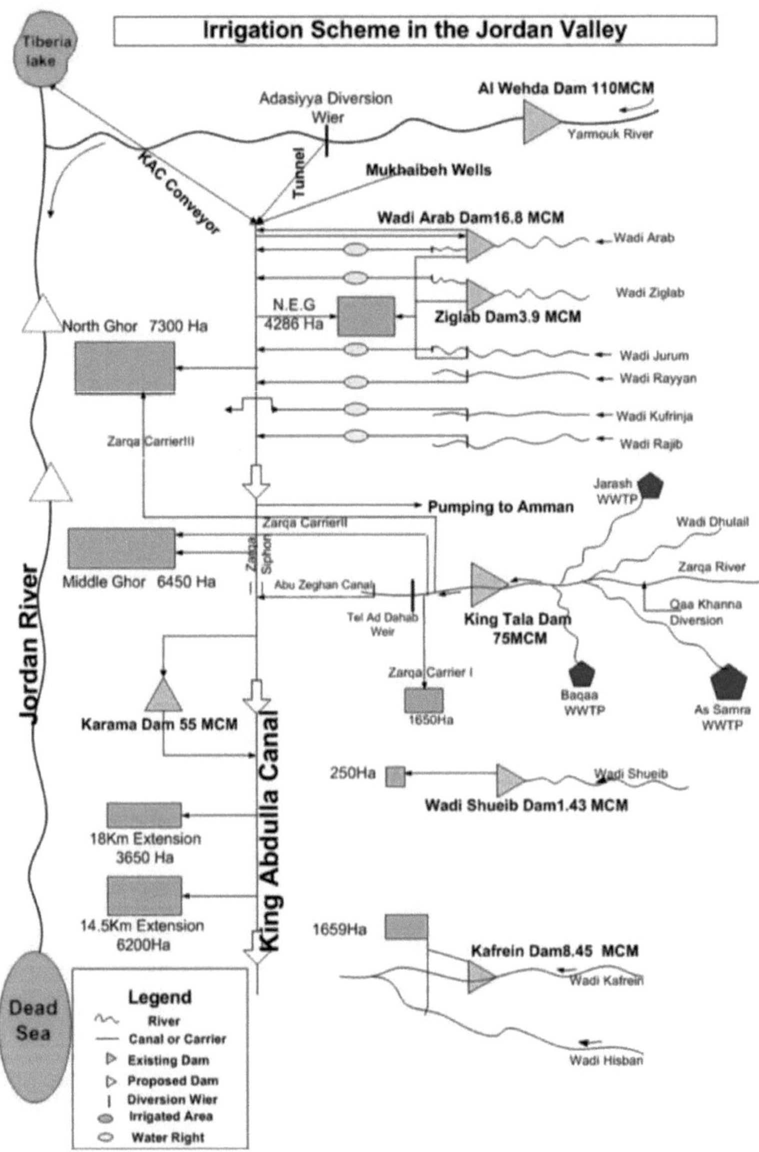

Figura 9: Esquema de irrigação no Vale do Jordão
Fonte: Projeto WMIS

Sistema integrado de abastecimento de água nos Ghors do Sul

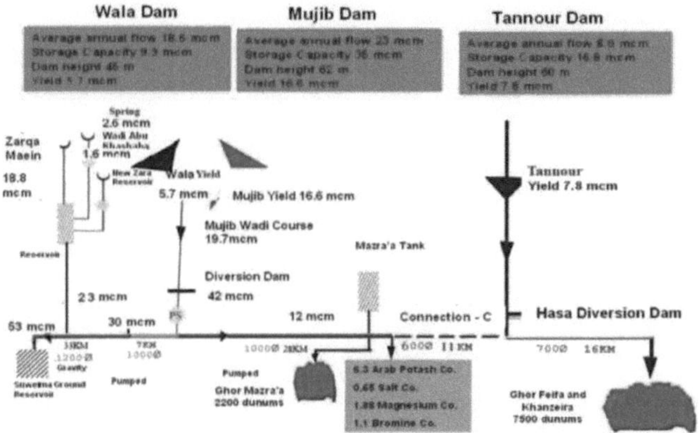

Figura 10 Sistema Integrado de Abastecimento de Água em Ghors do Sul

Fonte: Relatórios de projectos da JVA

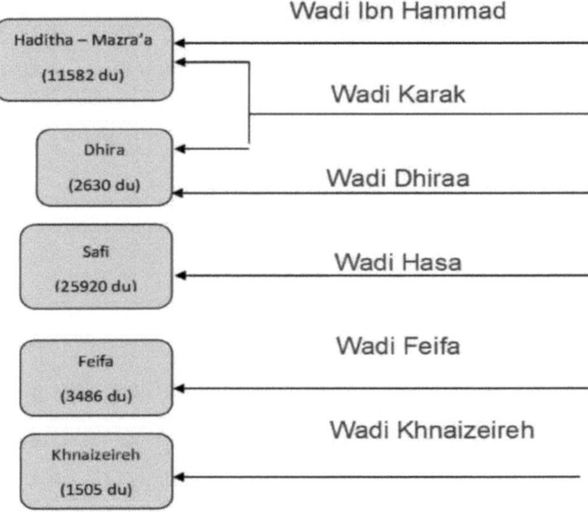

Figura 11 Esquema de irrigação em Ghors do Sul
Fonte: Relatórios de projectos da JVA

Capítulo 8

8 Gestão da água orientada para a procura

A Autoridade do Vale do Jordão (JVA) é responsável pela exploração e manutenção do sistema hidráulico no vale. O principal fator na gestão da água da JVA é a disponibilidade de recursos hídricos, que na sua maioria é inferior ao necessário para a irrigação no vale, pelo que o principal sintoma da gestão da água é a gestão de crises e secas.

A gestão da procura de água para irrigação tem por objetivo utilizar os escassos recursos hídricos da forma mais eficiente e sustentável possível.

Um sistema de irrigação permite a aquisição, o transporte e o fornecimento de água aos utilizadores. Requer uma infraestrutura hidráulica que consiste em instalações de desvio, transporte, regulação e gestão da água, e uma organização responsável pela sua gestão.

Do ponto de vista dos utilizadores do Vale do Jordão, há quatro questões a considerar:

- Adequação: a capacidade do programa de abastecimento de água para satisfazer a procura de água para o crescimento ótimo das plantas.
- Fiabilidade: a confiança no sistema de rega.
- Equidade: o acesso a uma parte justa dos recursos hídricos.
- Flexibilidade: A capacidade do utilizador para escolher o momento, a duração e a frequência do fornecimento de água.

Neste contexto, a ECA efectuou a seguinte série de procedimentos:

- A conversão de canais de irrigação de superfície em tubos pressurizados. Cada unidade agrícola foi equipada com um conjunto de torneiras agrícolas (FTA), incluindo um regulador de pressão, um contador de água e um dispositivo limitador de caudal.
- O Canal Rei Abdullah (KAC) foi reabilitado para reduzir as perdas e melhorar as suas condições de funcionamento. Foi instalada uma rede de medição da água ao longo do KAC e foi aplicado um sistema SCADA para monitorizar e controlar automaticamente as comportas de controlo do canal a partir de um centro de controlo localizado em Deir Alla, na parte central do Vale do Jordão.

- Foi introduzido um sistema de informação informatizado de gestão da água para equilibrar os recursos hídricos com as necessidades e otimizar a distribuição de água às unidades agrícolas.

- Foram implementados projectos-piloto para otimizar as actividades de distribuição de água e para aumentar a eficiência da utilização da água nas unidades agrícolas, através da introdução de tecnologias modernas e da utilização de sistemas e dispositivos de poupança de água. Um Serviço de Aconselhamento sobre Irrigação ajuda os agricultores a implementar estes sistemas e dispositivos.

- A descarga das torneiras da exploração está a ser reduzida para a conceção original de 6 l/s em vez de 9 ou 12 l/s nas zonas-piloto, e está a ser introduzido um modelo hidráulico computorizado (EPANET) para otimizar e ratificar o calendário de rotação.

- A disponibilidade limitada de recursos hídricos obrigou os agricultores do Vale a adotar tecnologias avançadas para aumentar a eficiência da utilização da água de irrigação. Os sistemas de micro-irrigação nas explorações agrícolas, como o gota-a-gota, o viro-jato e outros sistemas de irrigação localizada, são implementados em grande escala.

- Os sistemas de filtragem são utilizados para limitar o entupimento dos emissores de gotejamento, e os tensiómetros são utilizados para otimizar a programação da rega, irrigando as culturas com as quantidades de água necessárias quando a rega é necessária.

- Foi discutida a ideia de um "banco de água", que poderia dar mais flexibilidade aos agricultores no pedido de fornecimentos de água de acordo com as necessidades reais de água das culturas. Mas a escassez de recursos hídricos impediu a implementação desta ideia tentadora.

- Foram emitidas directrizes para ajudar os agricultores nas melhores práticas de irrigação de certas culturas tolerantes ao sal com água salobra. Foram também apresentadas aos agricultores directrizes para a utilização de água recuperada de uma forma ambientalmente segura e economicamente viável.

- A Lei do Desenvolvimento do Vale do Jordão n.º 19/1988 foi alterada de modo a permitir o aumento das áreas das unidades agrícolas, tornando assim a agricultura economicamente mais viável, e a permitir a participação do sector privado, o que abriu a porta à participação dos agricultores na gestão da água.

- O Plano Estratégico da JVA foi publicado e atualizado regularmente com o objetivo de melhorar os serviços prestados aos clientes e aumentar a eficiência e a eficácia dos procedimentos operacionais e de manutenção, com o reforço das capacidades e das disposições organizacionais para atingir os objectivos especificados.

- Introduzir uma abordagem participativa na gestão da distribuição da água de irrigação, encorajando os agricultores a formarem associações de utilizadores de água que se adaptem às suas situações particulares, a fim de partilharem a responsabilidade dos serviços de distribuição da água de irrigação com a JVA nos níveis secundário e terciário. A abertura e o fecho das torneiras das explorações agrícolas pelos agricultores alivia os condutores de valas da JVA desta pesada responsabilidade e reduz drasticamente as práticas ilegais de utilização da água.

8.1 Atribuição de água

A distribuição da água era feita entre os agricultores da EC de acordo com os seus direitos históricos à água registados nas fichas de propriedade da terra. Esta situação continuou com os primeiros projectos de irrigação que foram construídos em torno dos wadis laterais nos anos cinquenta do século passado, onde os agricultores costumavam distribuir a água dos canais de betão abertos às suas explorações numa base horária, dependendo das áreas das explorações. A água era fornecida gratuitamente.

A situação alterou-se após a construção do KAC e a distribuição das grandes explorações dos latifundiários pelos agricultores no início dos anos sessenta do século passado. Os condutores de valas da JVA assumiram a responsabilidade pela distribuição de água às unidades agrícolas de acordo com um calendário de rotação semanal ou bissemanal e instruções de atribuição que tinham em consideração a área plantada, o tipo de cultura e a classe de solo. As culturas consumidoras de água, como a banana e os citrinos, necessitavam de uma licença especial, que foi posteriormente proibida devido à escassez de água.

Nos anos de seca, é imposto um racionamento em função da gravidade da situação. Em alguns casos, as culturas de verão são proibidas e a JVA aluga mesmo terrenos aos agricultores para poupar a água que lhes é atribuída.

O preço da água de 1 lima/m^3 foi introduzido até 1973, ano em que foi aumentado para 3 limas/m^3 . No ano de 1989, foi aumentada para 6 fils/m^3 até ao ano de 1995, altura em que foi aplicada uma tarifa crescente da seguinte forma:

Consumo mensal/unidade de exploração (3,5 ha)	Tarifa (ficheiros/ m)^3
0- 2500 m3	8
2501 - 3500 m3	15
3501 - 4500 m3	20
Mais de 4500 m3	35

Esta estrutura tarifária crescente, ao mesmo tempo que subsidia os agricultores de legumes de baixo consumo através das categorias de alto consumo, incentiva os agricultores a pouparem no consumo de água. Estão a ser realizados novos estudos para ajustar a tarifa de forma a permitir a sustentabilidade dos sistemas de irrigação.

Foi publicado no jornal oficial um regulamento que especifica as instruções de utilização da água de irrigação, associando a afetação de água à zona geográfica, à qualidade da água, à categoria da cultura e às estações de verão e inverno. As instruções definiram uma afetação adicional de 10% de água para necessidades de lixiviação. Foi aplicada uma taxa fixa de 2 JD/FTA na fatura mensal de cada unidade agrícola para fins de manutenção, a fim de assegurar a sustentabilidade dos projectos de irrigação, e foram impostas sanções à utilização ilegal da água.

8.2 Módulos de gestão da água

Podem distinguir-se três actividades principais na gestão da água da AEC:

- *Estratégia de gestão da água*, que inclui o cruzamento periódico entre a procura de água e os recursos hídricos, a fim de assegurar o equilíbrio hídrico para os meses seguintes e decidir a atribuição de água entre utilizadores competitivos.

- *Gestão dos recursos hídricos*, que inclui a gestão das infra-estruturas de distribuição de água a granel.

- *Gestão da distribuição* de água, relacionada com a distribuição de água aos utilizadores (ou seja, torneiras de exploração).

8.3 Estratégia de gestão da água

A estratégia de gestão da água é definida no início da época de rega (outubro) e é aperfeiçoada mensalmente. No final da estação de inverno, a estratégia é definida até ao início da estação das chuvas seguinte.

A estratégia baseia-se e tem em conta a disponibilidade de água (nível de água nas albufeiras, o volume de armazenamento estratégico transitado), a procura de água (irrigação, municipal, industrial), a qualidade da água e quaisquer outros condicionalismos.

As principais decisões da estratégia de gestão da água são as seguintes:

- Desvio de água dos recursos hídricos,

- Atribuição de água aos vários consumidores (irrigação, municipal, industrial),

- Definição de níveis-alvo mensais para as albufeiras de água.

8.4 Gestão dos recursos hídricos

8.4.1 Gestão do abastecimento de água

A gestão do abastecimento de água trata da aplicação, numa base diária, dos resultados da estratégia, tendo em conta a situação real da água. O objetivo é garantir que cada consumidor receba a sua quota de água.

8.4.2 Exploração das infra-estruturas.

Esta tarefa diz respeito ao ajuste físico das comportas de controlo KAC, à abertura e fecho de válvulas e ao arranque e paragem de estações de bombagem, de acordo com o resultado das actividades de gestão do abastecimento de água.

8.4.3 Monitorização do sistema.

O objetivo desta tarefa é monitorizar o funcionamento do sistema e verificar se as decisões diárias de gestão da água foram corretamente implementadas no terreno. Baseia-se em medições hidráulicas (caudal, nível de água e qualidade da água).

8.4.4 *Controlo do abastecimento de água.*

Esta tarefa diz respeito à análise das medições no terreno com vista à elaboração de estatísticas. O objetivo é acompanhar e controlar a implementação da estratégia de gestão da água e fornecer estatísticas para o futuro planeamento da gestão da água.

8.5 Gestão da distribuição de água

8.5.1 *Organização do calendário de rega*

O resultado desta tarefa é um calendário semanal ou bissemanal, que calendariza os dias e horas durante os quais cada agricultor tem direito a receber água. Este calendário tem em conta a quota de água resultante da estratégia de gestão da água, as necessidades hídricas das culturas e os constrangimentos físicos da rede de rega.

8.5.2 *Fornecimento de água aos agricultores.*

Esta tarefa diz respeito à abertura e ao fecho das torneiras da exploração para fornecer água de acordo com o calendário de irrigação. O calendário pode ser modificado de acordo com os pedidos dos agricultores em caso de acontecimentos inesperados (chuva, seca, solarização do solo, lixiviação, fase de plantação).

8.5.3 *Faturação e contabilidade.*

Esta tarefa consiste em calcular, numa base mensal, a quantidade de água consumida por cada unidade agrícola, calcular as facturas, receber e registar os pagamentos.

8.5.4 *Avaliação da procura de água.*

Esta tarefa trata da verificação das plantações das explorações agrícolas, a fim de estabelecer um registo de plantações. O Registo de Plantações é utilizado para calcular as necessidades de água presentes e futuras e as quotas das explorações.

9 Sistema de Informação de Gestão da Água (WMIS)

O sistema de informação para a gestão da água (WMIS) é uma plataforma informática utilizada como auxílio à tomada de decisões. A sua estrutura baseia-se num servidor de dados em tempo real e num sistema de gestão de base de dados relacional (RDBMS) com uma arquitetura distribuída por 14 locais, como mostra a figura 12 abaixo.

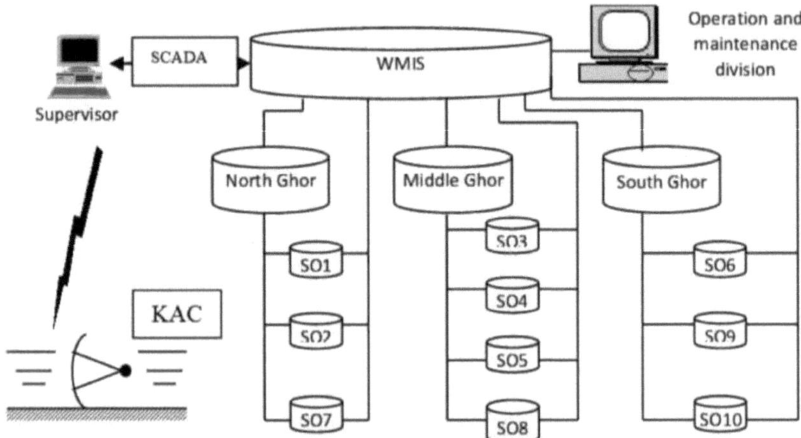

Figura 12: Estrutura WMIS
Fonte: Projeto WMIS

9.1 Bases de dados WMIS

As bases de dados WMIS contêm três tipos de informações:

- Dados estáticos que descrevem, por um lado, as infra-estruturas hidráulicas (características das albufeiras, das redes de irrigação, dos pontos de abastecimento, etc.) e, por outro, os parâmetros específicos de gestão (quotas de água por cultura, evaporação das albufeiras, eficiência das redes, etc.),

  Dados históricos (registos de medições no terreno): Que incluem caudais diários, níveis nos reservatórios, consumos nos pontos de abastecimento, etc., Estes dados são arquivados para utilização posterior.

  Dados dinâmicos (dados de gestão da água): Que incluem previsões de recursos, níveis alvo nas albufeiras, necessidades e quotas mensais, consumos e quotas diárias, calendários de rega, ordens de rega, etc.

9.   2Funcionalidade do WMIS

A Figura 13 abaixo apresenta o fluxo de informação de cima para baixo: desde o estabelecimento da estratégia de gestão da água até à implementação no terreno.

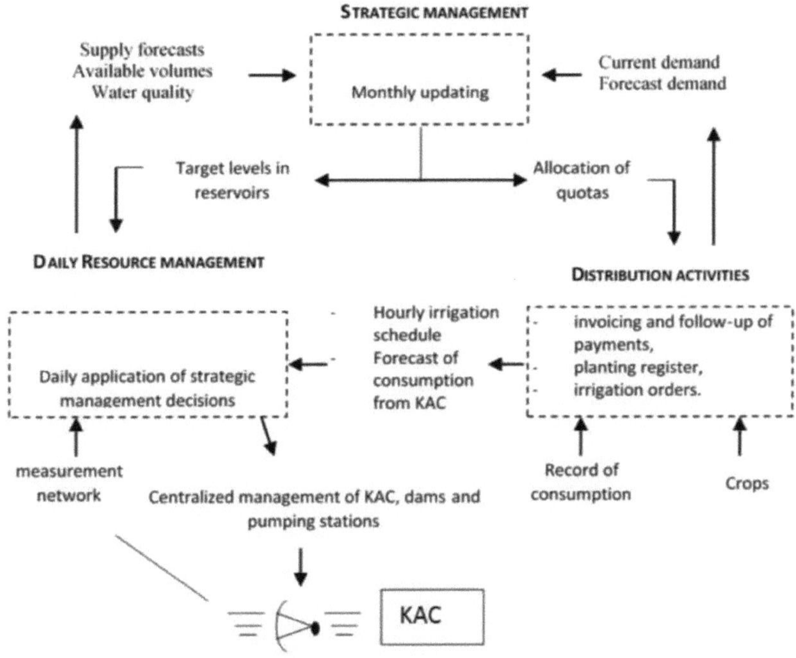

Figura 13: Funcionalidade do sistema WMIS
Fonte: Projeto WMIS

9.3 Regulação dinâmica do canal King Abdulla

O sistema de regulação dinâmica é utilizado para gerir e controlar o funcionamento do Canal Rei Abdullah (KAC), com 110 km de comprimento. O sistema permite a absorção das entradas de água no KAC e o ajuste dos níveis de água nas secções do KAC, permitindo descargas para diferentes utilizadores. Executa as três acções associadas seguintes em 28 das 38 comportas de controlo do KAC:

- Ação antecipatória
- Acções correctivas
- Ação de coordenação

■ Assim, é calculada a descarga em cada comporta de controlo e em cada passo de tempo de regulação. O sistema prevê o volume que será armazenado no KAC no final do dia, o caudal para cada saída e entrada para a hora seguinte e o volume alvo para cada trecho do canal. Estas previsões são actualizadas de 15 em 15 minutos.

- Um sistema de supervisão, controlo e aquisição de dados (SCADA) ligado a uma rede de medição de água ao longo do KAC, permite medições em linha, monitorização e controlo dos parâmetros hidráulicos. Os dados são trocados entre o WMIS e os sistemas SCADA no centro de controlo ao longo de todas as actividades de gestão da água.

Capítulo 10

10 Impacto das alterações climáticas

- As alterações climáticas são atualmente consideradas um dos maiores desafios do mundo, não só em termos ambientais mas também de desenvolvimento. A Jordânia é já um dos países com maior escassez de água do mundo, pelo que será ainda mais vulnerável aos impactos das alterações climáticas.

- A incapacidade de responder a este desafio terá um impacto em todos os esforços que foram feitos no sector da água para garantir água em quantidades suficientes e de boa qualidade aos utilizadores jordanos nas terras altas e no vale do Jordão.

- De acordo com a maioria dos modelos climáticos globais, registar-se-á uma tendência decrescente de 20% a 25% da precipitação média anual, em média. Além disso, os modelos estão a indicar alterações na distribuição espacial e temporal da precipitação, que ameaçarão definitivamente os recursos hídricos. Um aumento da temperatura de 2°C aumentaria a procura de irrigação em 18%, enquanto uma redução de 10% na precipitação aumentaria a procura de irrigação em cerca de 5%.

- Prevê-se igualmente que haja impactos nas infra-estruturas hídricas. O aumento da frequência de fenómenos extremos de precipitação diária afectará a capacidade e a manutenção das instalações de águas pluviais e das infra-estruturas de drenagem e de esgotos, e resultará em custos mais elevados para as actividades de manutenção.

Seguem-se alguns exemplos do impacto das alterações climáticas na descarga de recursos hídricos no Vale do Jordão:

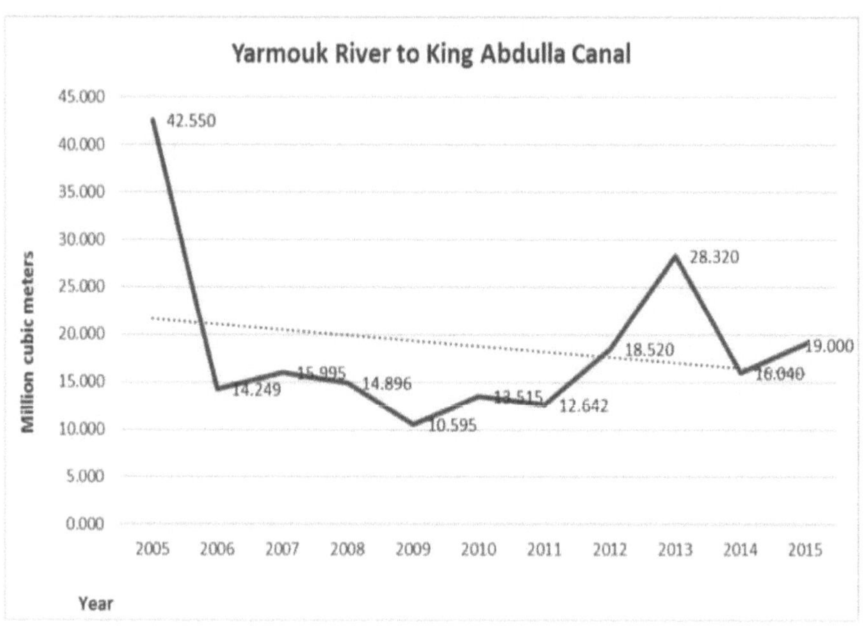

Figura 14: Descarga do rio Yarmouk para o KAC Fonte: Relatórios anuais da JVA - Gráfico do autor

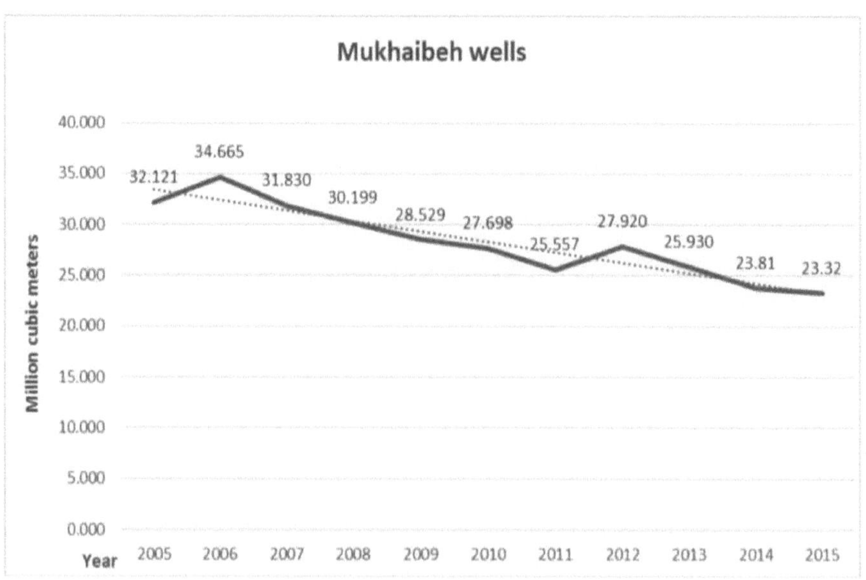

Figura 15: Descarga dos poços de Mukhaibeh para o KAC
Fonte: Relatórios anuais da JVA - Gráfico do autor

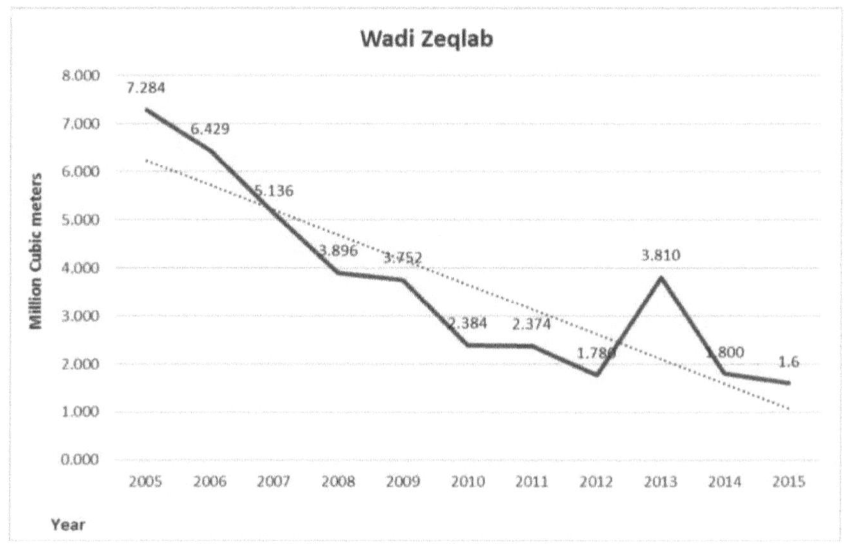

Figura 16: Descarga de Wadi Ziglab
Fonte: Relatórios anuais da JVA - Gráfico do autor

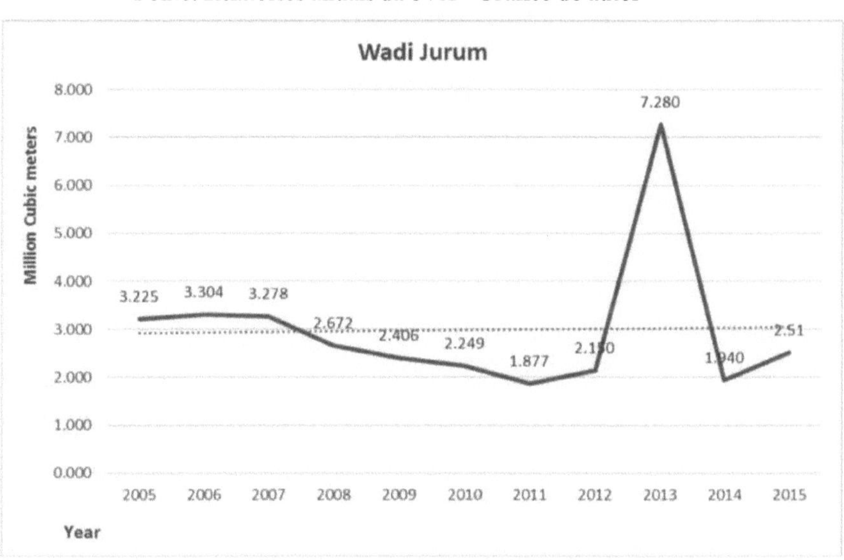

Figura 17: Descarga de Wadi Jurum
Fonte: Relatórios anuais da JVA - Gráfico do autor

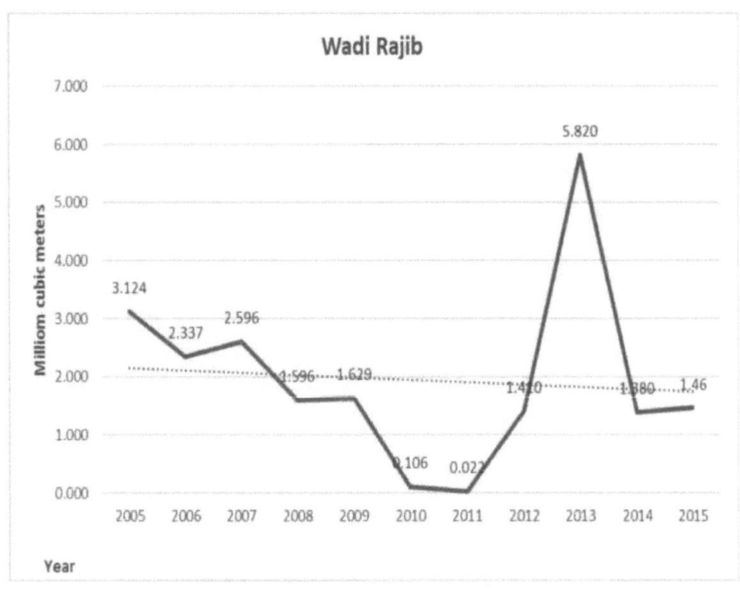

Figura 19: Descarga de Wadi Kufranja
Fonte: Relatórios anuais da JVA - Gráfico do autor

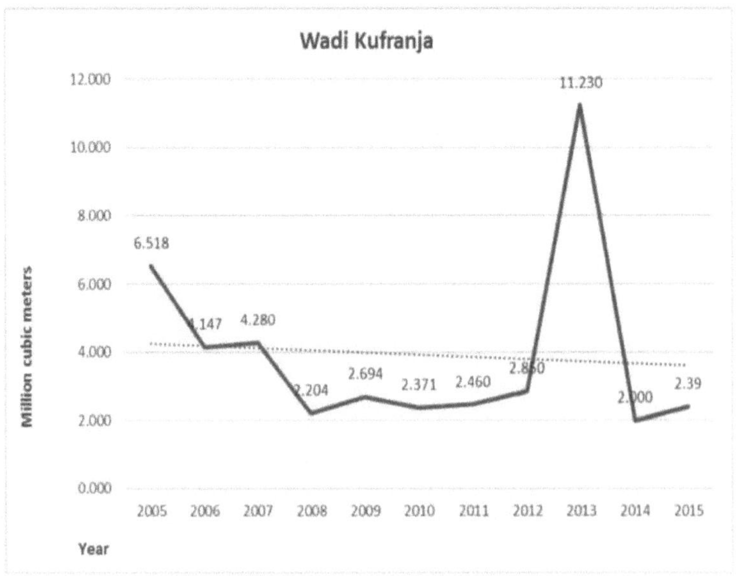

Figura 18: Descarga de Wadi Rajib
Fonte: Relatórios anuais da JVA - Gráfico do autor

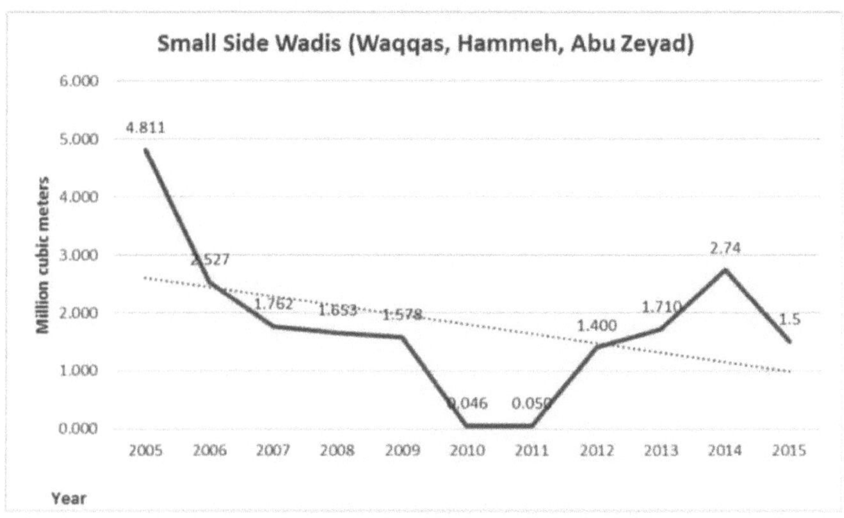

Figura 20: Descarga de pequenos Wadis laterais
Fonte: Relatórios anuais da JVA - Gráfico do autor

Capítulo 11
11 Associações de utilizadores de água (WUAs)

A abordagem participativa da gestão da água de irrigação foi adoptada pela JVA para trabalhar lado a lado com os agricultores na gestão dos serviços de água de irrigação. As cinco fases seguintes podem ser distinguidas na implementação deste esforço de governação:

1) 2001 - 2003: Fase de reforço da confiança: Realizaram-se reuniões de grupo e workshops de sensibilização para identificar e discutir problemas e opções de soluções de forma a criar confiança entre os agricultores e entre estes e a JVA.

2) 2003 - 2006: Estabelecimento de grupos de utilizadores de água sob várias formas, incluindo comités e conselhos, que terminaram com a formação de associações de utilizadores de água (WUAs).

3) 2006 - 2009: Preparação e emissão de Acordos de Transferência de Tarefas com a JVA que deram às WUAs o direito de assumir as tarefas de gestão acordadas para as redes de distribuição de irrigação.

4) 2009 - 2016: Expansão da área coberta pelas WUAs e acordos contratados com a JVA, e assistência na preparação de projectos de estatutos para as WUAs e para a Federação/Conselho das WUAs.

5) 2016 - 2018: estão planeadas e implementadas as quatro actividades seguintes:

   - Facilitar a transferência dos serviços de manutenção para as WUAs,
   - Facilitar a transferência da cobrança de taxas para as WUAs,
   - Aplicação de métodos seleccionados para aumentar a eficiência da agricultura de regadio,
   - Reforçar a relação entre água, energia e alimentos para gerar novas oportunidades de rendimento sustentável.

- Existem atualmente 22 Associações de Utilizadores de Água (WUAs) oficialmente registadas, das quais 17 têm acordos contratuais com a JVA, cobrindo cerca de 70% da área do Vale do Jordão. Outras estão a ser desenvolvidas.

- A parceria entre a JVA e as WUAs resultou na melhoria da eficiência da irrigação e da gestão dos recursos hídricos. Ajudou a melhorar a relação de cooperação entre os agricultores, ganhando confiança e segurança, e melhorando os trabalhos de manutenção.

- O desafio que se coloca é o de manter e expandir esta abordagem bem sucedida de modo a abranger todo o Vale do Jordão e adotar um quadro institucional e jurídico adequado para as WUAs, bem como um quadro adequado para representar estas associações ao nível das zonas agro-climáticas e em todo o Vale do Jordão.

11.1 Conceito de governação das WUAs

- O conceito de gestão da água de irrigação pelos agricultores já era praticado no passado, muito antes da criação da ECA. Essa era a prática indígena ou tradicional; a pequena comunidade de agricultores tinha uma fonte de água, os utilizadores juntavam-se e geriam a utilização do recurso de acordo com o sistema de controlo tradicional da sociedade.

- O conceito reflecte a propriedade partilhada, o interesse e, por conseguinte, as responsabilidades no sentido de um desempenho ótimo. Ilustra a boa governação da água e conduz à abertura, à confiança mútua e à confiança entre os grupos de agricultores e entre os agricultores e as autoridades.

- Com uma agricultura mais sofisticada, envolvendo tecnologias de distribuição de água de irrigação de bombagem de alta pressão e a manutenção associada, tornou-se imperativo ter uma forma mais organizada de grupo de gestão de agricultores (o WUA).

- Era também necessário que a distribuição da água de irrigação estivesse ligada à atribuição (tendo em conta a área da exploração agrícola e o padrão das culturas) em vez de permitir um determinado período de tempo para o abastecimento de água. Assim, foi necessário criar grupos de gestão do solo, ou seja, as WUAs.

11.2 Níveis progressivos da Abordagem Participativa

As WUAs no Vale do Jordão podem ser classificadas em três níveis progressivos em termos do seu estado de desenvolvimento:

(1) **Conselhos da água**: Baseiam-se no mecanismo tradicional de resolução de problemas. Os conselhos da água são reconhecidos pela JVA.

Cada conselho teria 15 a 20 agricultores eleitos, escolhidos através de uma discussão informal prévia com os agricultores interessados. O aspeto interessante é que o governo está representado no conselho da água, através do sub-governador da área da rede de irrigação (Al Mutassarif). Assim, o conselho tem um poder executivo. Al Mutassarif pode até presidir o conselho.

(2) **Comités de utilizadores de água**: Também se baseiam ou são semelhantes à forma tradicional de gestão dos agricultores que existia antes da criação da JVA. Um comité de utilizadores da água é um grupo de representantes dos agricultores eleitos pelos agricultores numa assembleia geral após várias reuniões informais. Embora os comités não tenham estatuto jurídico enquanto tal, são reconhecidos pela JVA; normalmente é emitida uma carta pelo Secretário-Geral da JVA a este respeito.

(3) **Cooperativas de utilizadores de água**: São o tipo de associações que têm um estatuto legal. As cooperativas seguem a Lei da Cooperação n.º 18 /1997 e, por conseguinte, estão filiadas na Jordânia

Sociedade Cooperativa (JCC). As cooperativas devem ter um sistema de regulamentação interna que especifique os objectivos, o capital, o procedimento de adesão e as questões financeiras e administrativas.

11.3 Principais características da abordagem participativa

■ As dificuldades foram resolvidas e os desafios foram ultrapassados através da abertura de um diálogo interminável e de uma via de abertura e compreensão entre uns e outros. A desconfiança foi atenuada, em primeiro lugar, através de reuniões e da abertura de um espaço de discussão, e, em seguida, a participação foi aprofundada através da partilha do desenvolvimento e do processo de planeamento; foi assim criada uma espécie de parceria.

■ As necessidades técnicas foram satisfeitas, de uma forma rápida, para fornecer aos agricultores algumas das suas principais aspirações imediatas, tais como a recuperação de algumas partes da rede de irrigação, o fornecimento de informações sobre técnicas modernas de gestão da irrigação e as melhores práticas agrícolas.

■ Para demonstrar as características positivas do trabalho cooperativo participativo na agricultura, as visitas técnicas de campo à Turquia, ao Egipto e à Síria foram benéficas. Estas visitas não só proporcionaram uma exposição à gestão das WUAs, mas também conhecimentos técnicos sobre técnicas avançadas na agricultura e uma plataforma para os agricultores ultrapassarem a sua era de individualismo.

■ Além disso, a participação foi reforçada pela oferta da direção da JVA para debater com os agricultores e as WUAs as necessidades, estratégias e planos de trabalho para a futura gestão da água de irrigação. Os agricultores e a JVA tornaram-se assim parceiros de pleno direito.

■ Um aspeto importante foi o nível de democracia alcançado ao longo de todo o processo. Os agricultores tornaram-se responsavelmente democráticos; exprimem os seus pontos de vista e reclamam as suas necessidades de uma forma profissional. O papel das mulheres foi respeitado na participação. Em algumas comunidades, o papel das mulheres era bem pronunciado, uma vez que as mulheres agricultoras estavam presentes nos comités que cobriam as suas áreas. Assim, foi assegurada a igualdade de direitos para a participação das mulheres na gestão da irrigação.

■ As comunidades também beneficiaram indiretamente da sensibilização para a situação da água, estratégias e gestão da procura. Os agricultores confirmaram os seus conhecimentos em factos e números e tornaram-se intervenientes mais poderosos na gestão e sustentabilidade da água.

■ Uma caraterística maravilhosa da experiência foi a disponibilidade para o voluntariado em prol do serviço comunitário. Isto era comum em muitas WUAs. O nível de dedicação teve um retorno positivo na imagem e reputação dos comités.

■ O apoio da JVA foi também um elemento chave para o sucesso das WUAs. O modo de trabalho numa abordagem participativa era como uma parceria para um objetivo. As WUAs puderam ter acesso direto ao Secretário-Geral da JVA e aos seus adjuntos. Os seus pedidos são bem considerados e são respeitadas como parceiros estratégicos na gestão da distribuição de água.

- Vale a pena notar que as WUAs, através deste envolvimento, conseguiram melhorar o seu conhecimento e compreensão dos princípios hidráulicos que regem os sistemas de distribuição de água secundários e terciários. Posteriormente, puderam, em conjunto com a JVA, otimizar os horários de distribuição de água para uma pressão de trabalho aceitável nas condutas e receber a responsabilidade de auto-operação dos portões das suas explorações agrícolas (anteriormente tarefa dos cavaleiros de valas). Isto levou, em grande medida, a uma distribuição de água ajustada às necessidades de água das explorações agrícolas. Assim, assegurou-se também a igualdade de direitos entre as unidades agrícolas.

- As WUAs demonstraram também uma boa governação interna e um bom processo de aprendizagem. Alguns líderes das WUAs ficaram satisfeitos por presidir à associação devido ao prestígio e à posição social que procuravam. No entanto, quando isso não era acompanhado de acções reais e de melhoria do desempenho, os membros da WUA conseguiam mudar o líder. Esta foi também uma boa confirmação de que a abordagem participativa é para o bem de todos.

11.4 Tarefas actuais do acordo de transferência de tarefas:

- Distribuição da água de rega através de um programa de rega elaborado em cooperação entre a autoridade e a associação
- Manutenção da FTA
- Monitorização e controlo das utilizações ilegais da água e dos danos causados às instalações de irrigação
- Registar e documentar a quantidade de água consumida e de fugas
- Informações sobre a produção agrícola
- Ajuda na cobrança de taxas

11.5 Os futuros acordos de transferência de tarefas podem incluir:

- Alargamento das zonas de participação dos agricultores, tanto a nível horizontal como vertical (cobertura geográfica e alargamento das tarefas)
- Autofinanciamento da gestão da água através dos preços da água, taxas de

manutenção e receitas de penalizações

- Rever as regras e procedimentos da Associação relativamente às suas responsabilidades e funções
- Estabelecimento de um sistema de adesão obrigatória para todos os utilizadores de água

11.6 Princípios sugeridos para o estatuto da WUA:

Seguem-se princípios que podem ter de ser considerados num regulamento sugerido para a WUA:

- A WUA deve ser uma associação não comercial de utilizadores de água;
- Todos os utilizadores de água dentro do limite hidráulico de uma rede de distribuição devem tornar-se membros da WUA;
- Cada membro tem um único voto em todas as decisões importantes da WUA, independentemente da dimensão da sua exploração agrícola;
- O Conselho de Administração da WUA representa todos os membros e constitui o principal órgão de decisão política da WUA;
- O Conselho de Administração é eleito pela Assembleia Geral;
- Os membros do Conselho de Administração da WUA, incluindo o Presidente, trabalham numa base voluntária e não são remunerados;
- As grandes WUAs podem ter uma Assembleia de Representantes em vez de uma Assembleia Geral, se forem demasiado grandes para acolher uma reunião da Assembleia Geral;
- O Presidente do Conselho de Administração da WUA é selecionado pelos membros do Conselho e o seu poder é subsidiário do Conselho no seu conjunto;
- O pessoal de direção é contratado pela WUA e os salários são fixados pelo Conselho de Administração da WUA e aprovados pela Assembleia Geral;
- O pessoal contratado não pode fazer parte do Conselho de Administração nem de nenhuma das comissões permanentes (por exemplo, operações, manutenção ou finanças);
- Os membros pagam uma taxa de serviço de irrigação para apoiar a WUA, bem

como para pagar a taxa de serviço de água a granel necessária;

- Aos não membros pode ser cobrado até 1,5 vezes a taxa cobrada aos membros (a não ser que a WUA exija que todos os utilizadores de água se tornem membros);

- O contrato de serviço de água a granel da WUA é celebrado entre a WUA e o fornecedor de água a granel;

- As taxas são cobradas pela WUA aos seus membros e são utilizadas para pagar ao fornecedor de água a granel, de acordo com os termos do contrato entre as duas entidades.

11.7 O caminho a seguir

Uma federação para as WUAs, apoiada legalmente por um estatuto, é essencial para a sustentabilidade a longo prazo das WUAs. A federação terá de resolver questões básicas de atribuição de água, qualidade e estruturas organizacionais gerais para todo o Vale do Jordão, com quatro subgrupos regionais já iniciados (Norte, Médio, Sul e Sul do Ghors) para a principais fontes de água e suas particularidades, de acordo com as zonas agro-climáticas do Vale do Jordão.

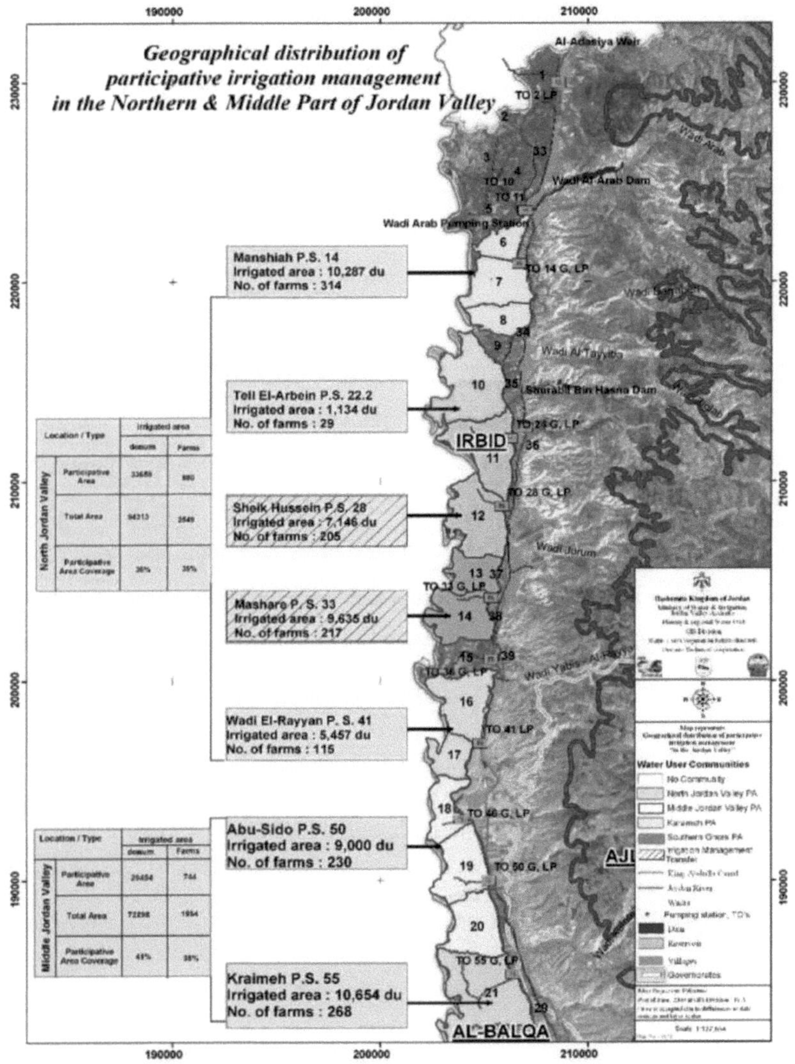

Figura 21: Distribuição geográfica das WUAs

Fonte: GIS - JVA

Conclusões

- Os desafios que se colocam ao sector da água na Jordânia não são simples, e é por isso que a visão do sector da água deve corresponder às expectativas dos utilizadores de água quanto a um abastecimento de água adequado, seguro e protegido.

- A Gestão Integrada dos Recursos Hídricos (GIRH) será adoptada para aumentar a disponibilidade, a adequação e a sustentabilidade da água, com uma abordagem de VALORIZAÇÃO da água e não de PREÇO.

- Para tal, são necessárias boas estruturas de governação e uma configuração institucional para lidar com a escassez de recursos hídricos, ligando o nexo Água-Energia-Alimentos para produzir mais com menos energia e com quantidades de água limitadas.

- A abordagem participativa provou ser uma tendência de governação bem sucedida no Vale do Jordão. Resultou numa melhoria da eficiência da utilização da água de irrigação e da gestão dos recursos hídricos. Ajudou a melhorar as relações de cooperação entre os agricultores, a ganhar confiança e segurança e a melhorar os trabalhos de manutenção.

- Será necessária uma legislação adequada para reforçar e manter este esforço. Esta legislação deve permitir a independência administrativa e económica das WUAs. Deve permitir que as WUAs em cada uma das quatro zonas agro-climáticas do Vale do Jordão sejam agrupadas, e deve permitir a criação de uma federação para representar todas essas WUAs.

Referências:

- Estratégia Nacional para a Água 2016-2025
- Lei sobre o desenvolvimento do Vale do Jordão
- UNESCO Educação - Conceito de Governação
- Gestão de Sistemas de Irrigação e Drenagem - Uma Abordagem de Serviço, Hector M. Malano, Paul J. M. Van Hof Wegen
- Relatórios da JVA: WMIS, Regulamento Dinâmico
- Projectos de assistência técnica da JVA apoiados por
- MREA, GIZ, USAID (IO-JOV, BWP, RWP, WMIA, SPP)
- Autores de diferentes artigos

Autor:

Eng. Yousef Hasan Ayadi
Antigo conselheiro do Ministro da Água e da Irrigação
JORDÃO - E mail : yhayadi@gmail.com

Printed by Books on Demand GmbH, Norderstedt / Germany